中華古代陶器精華

耿寶昌題

主编 张朋川

副主编 李兆楠 黄维娟 张晓光

苏州大学出版社

图书在版编目（CIP）数据

中华古代陶器精华 / 张朋川主编. -- 苏州 ：苏州大学出版社，2014.5
ISBN 978-7-5672-0886-5

Ⅰ. ①中… Ⅱ. ①张… Ⅲ. ①古代陶瓷—中国—图集 Ⅳ. ①K876.32

中国版本图书馆CIP数据核字(2014)第092844号

书　　名：中华古代陶器精华

主　　编：张朋川
责任编辑：洪少华
装帧设计：周　晨　祝　嘉　吴　钰

出版发行：苏州大学出版社（Soochow University Press）
出 版 人：张建初
社　　址：苏州市十梓街1号　邮编：215006
印　　刷：苏州工业园区美柯乐制版印务有限责任公司
邮购热线：0512-67480030
销售热线：0512-65225020

开　　本：889mm×1194mm　1/16　印张：15.75　字数：315千
版　　次：2014年5月第1版
印　　次：2014年5月第1次印刷
书　　号：ISBN 978-7-5672-0886-5
定　　价：128.00元

凡购本社图书发现印装错误，请与本社联系调换。
服务热线：0512-65225020

《中华古代陶器精华》编委会

中华古代陶器精华展

主办与参展单位

主办单位：

苏州大学博物馆
陶雅网

参展单位：

甘肃马家窑文化研究会
青海省彩陶文化学会
临洮马家窑世界彩陶文化中心
兰州彩陶艺术博物馆
陕西唐三彩艺术博物馆
咸阳秦都古陶博物馆
郑州华夏文化艺术博物馆
郑州大象古陶瓷博物馆
郑州中原古陶瓷标本博物馆
河北石家庄大晟堂古陶博物馆
黑龙江社稷古陶博物馆
南京古陶瓷标本博物馆
上海延艺堂印纹陶博物馆
上海世华艺术馆
苏州含德精舍博物馆

陶器的意蕴（序一）

杨永善

陶器是人类早期文明发展阶段，用土和火完成的杰出创造。

制陶技术的发明，既是物质文明的创造，同时也是精神文明的创造，具有双重性的文化特征。在新石器时代，陶器与人们的生活和生产是休戚相关的，是当时定居生活最基本的生活用具，也为农耕种植提供了储存粮食和种子的容器，在社会生活和生产中发挥了重要作用。

中国是世界上最早发明制陶技术的国家之一，已经出土的实物资料可以证明，万年之前已开始烧造陶器。远古时期先民们在广袤的大地上繁衍生息，通过生活中的观察和劳作中的思考，认识到“水火既济而土合”的道理，烧造出最早的陶器。在人类文明史上，制陶技术是属于早期社会最重要的一种发明创造，可以说是人类在科学技术和文化艺术方面的起步，具有深远的影响，一直延续发展到今天，仍然昭显着旺盛的生命力。

“目前在中国境内发现的公元前 7000 年以前的陶器或陶器残片，主要见于北京怀柔转年，河北徐水南庄头、阳原于家沟，江西万年仙人洞与吊桶环，湖南道县玉蟾岩，广东英德青塘与牛栏洞，广西桂林甑皮岩与庙岩、临桂大岩、邕宁顶狮山等遗址。这十个遗址出土的陶器残片，以桂林市庙岩遗址陶片的测定年代为最早，在公元前 13000 年前后。”（国家文物局主编《中国考古 60 年》，北京文物出版社，2009 年 9 月，第 20 页）陶器的发明是新石器时代开始的标志，是人类利用自然界的物质材料，通过火的化学手段，创造出的第一种自然界原本不存在的新物质。

（一）

新石器时代陶器的发明，改进了人类的生活方式，使人类社会产生了深刻变化。陶制品成为当时应用范围最广泛的日用器具和生产工具，其中生活用器有陶钵、陶盆、陶罐、陶瓶、陶豆、陶釜等多种容器，生产工具有陶纺轮、陶网坠、陶刀、陶镰、陶拍等多种器具，另外还有陶塑和陶质装饰品以及建筑构件等多种陶制品。通过对古代陶器的研究，可以了解古代社会的生活方式，认识陶器在当时生活中的功能效用和实际意义。

陶器从最早出现，到后来广泛应用，在逾万年的历史长河中从未间断过，在每个发展时期都有新的创造，并且还有重要的突破。瓷器的发明，就是在制陶技术的基础上产生的。但是，在瓷器出现之后的漫长历史中，陶器仍然是不可或缺的，在人们的物质生活和文化生活中，“从致用到应变，从宜用到悦目”，在发展中得到丰富。

制陶技术发明之后，陶工们开始对陶制品的实用功能、材料技术和审美意识进行整体的思考，在实践过程的探求和尝试中，制陶技艺得到很大的发展，造型与装饰逐步形成符合自身特点的本体形式语言，制陶技术成为一门独立的手艺，为后来材料工艺学的形成奠定了基础。

陶器从最初诞生开始，便具有鲜明的双重性文化特征。制陶的工艺过程是造物的技术实施，同时又是造型的审美表现。在浩如烟海的陶器制品之中，蕴含着先民们朴素的设计思想和丰富的想象力，体现了他们的创造性，彰显了原始的朴素的审美意识。

古代陶器是能工巧匠们在造物活动中，追求致用、适材、美观的产物。为陶器寻求合理的形式结构，创造了许多优秀的造型，为后来的器物发展提供了范例和思路。古代陶器的成型、装饰、烧制等技艺，奠定了最初造物活动的基础，对后来陶器和瓷器的发展，起到了先导作用。同时可以明确地看到，陶器对瓷器的产生和发展，既是一脉相承，又是分流转化，之后便构成了瓷器的形式特征。陶器对其他相关的工艺，诸如青铜器、漆器、玉器、木器、金银器等，影响是长久和深远的，而这些工艺也影响着陶器和瓷器的造型与装饰，应该说，古老的陶器开启了传统手工艺文化发展的先河。

（二）

从古至今，陶器是人们日常生活中广泛应用的器具。不同历史时期和不同地域的物质条件不同，生活方式和风俗习惯以及实际需求不同，为满足生活的实际需要，各地都开设制陶作坊，烧造适应当时当地需求的陶器制品，所以在广大地区乃至边远地区，留下了古代制陶作坊遗址。

烧造陶器的黏土各地都有蕴藏。制陶原料不像制瓷原料要求那样严格，比较容易找到。制陶所利用的黏土，只要具有良好的可塑性和一定的耐火性，具备烧成的基本条件即可。至于工艺设备和工具等都比较简单，主要是靠匠师们运用纯熟的技艺，就可以制造出极具手工艺文化特色的陶器。

由于各地黏土成分不同，所选用的制陶原材料成分和理化性能也不尽相同，再加之各地原料的制备和工艺技术各具特点，烧成后陶器的颜色和质地必然会有不同的表现，呈现出多种色彩和质地效果，因而陶器比瓷器更为丰富多样。

制陶原料都具有良好的可塑性，能够适应多种方式方法的成型制作，诸如徒手捏塑、盘筑叠加、泥片围合、贴敷塑造，进而由慢轮成型进展到快轮成型。制陶技艺是多样化的，造型风格顺其自然，各显所长，发挥特色，都具有很强的表现力，创造出了 多种多样充盈着手工意趣的陶器世界。

各地制陶匠师们都有各自的造物观念和装饰意识，这也是不同时期和地域的陶器形成不同风格特点的重要因素。陶器从最初作为生活用器开始，由于原料和工艺的不同，自然化育和人为经营相融而成的红陶、灰陶、黑陶、白陶、夹砂陶、彩绘陶、釉陶等多种类别的制品，可谓古韵醇厚，各具特色，其类型、样式和风格，丰富多样，蔚为大观。

陶器所具有的文化内蕴和艺术魅力，是其他工艺材料所难以企及的，它既是古朴和原始的，又可以说是新颖和现代的。著名艺术家黄永玉先生在他的《汗珠里的沙漠》中写到彩陶时，曾有精彩的表述："艺术在历史上从来不存在进步，只是越来越显得丰富，想想‘仰韶文化’，你的作品比它进步吗？"确实是这样，陶器和瓷器比较而言，瓷器的出现是科学技术的巨大进步，并不意味着陶器艺术的滞后。就陶瓷艺术的表现而言，仰韶文化的彩陶并不会因为瓷器艺术的出现而逊色。应该说制陶技术的发明是瓷器发明的先导，没有陶器的出现也不会有瓷器的产生，尽管瓷器的理化性能和外观效果是陶器所不具备的，但瓷器却不可能代替陶器的功能效用和艺术表现力，陶器在人类生活中的作用是长远的。

（三）

制陶的工艺材料基本都是就地取材，因地制宜；制作技术则是因材施艺，适以相成，充分发挥原材料的特性，创造出多样化而又各具特点的陶器。多种因素相随相伴的影响，也就自然地形成地域文化特点，这其中特色鲜明的材质，是构成历代民间陶器风格多样化的物质条件之一。

由于陶器烧造的历史悠久，窑址分布地域广阔，所以留下丰富多样的古代陶器，这是一笔珍贵的文化遗产。古代陶器无论在工艺思想和审美意识方面，还是具体在造型形态、样式结构、表面处理、装饰效果、细部处理，最终体现在凝练的形式感方面，都是值得研究和整理的。中国古代陶器独特的工艺意趣和丰富的表现力，在世界陶器领域里，确是不可多得的。

古代陶器的造型样式和结构关系，装饰纹样的表现方法与工艺处理，对现代陶瓷设计都具有参考和借鉴价值，作为传统工艺的研究，仍然具有重要的学术意义。正如中国科学院原院长路甬祥先生在《中国传统工艺全集》总序中写到的：“传统工艺的现代价值同样不容忽视，作为中华民族固有文化重要组成部分的传统工艺，既是弥足珍贵的科学遗产，又是技术基因的载体。”

古代陶器丰富的文化内涵，蕴蓄在许多优秀的陶器作品中，是那样质朴地体现着土和火的艺术特征。古代陶器作为传统手工艺的重要构成部分，是发展现代陶瓷值得研究和借鉴的。手工制作的古陶器，自然地流露着人性化的意味，凝聚着朴素率真的艺术情趣和怡情悦性的美感，这是早期创造性思维的物化，又是技术和艺术融会的结果。古代陶器的工艺智慧和艺术魅力，对于今人来说，不只是欣赏玩味和陶冶情感，更重要的是启智明理，从中领悟创造精神的真谛，对于今天的陶瓷创新设计必然会有重要的意义。

2014年3月10日于北京

中国古陶长相识（序二）

张朋川

中国是陶瓷大国，世人多知中国瓷，中国陶却少为人知，其实古书中早有关于陶器的叙述，《礼·郊特牲》："器用陶匏，以象天地之性也。"认为烧制陶器有重要的意义，在周朝还设置了专掌制造陶器的官员。中国瓷器是由陶器孕育而出的，因此长期以来中国学者将瓷归入陶的大门类之中。清代乾隆时朱琰撰写的《陶说》，是我国第一部论述中国陶瓷的专著，仍是以陶概称陶瓷。自唐代起，中国的瓷器远销海外，为拥有者所珍爱。1517 年，葡萄牙商人来中国大规模贩运瓷器，接着荷兰东印度公司长期地通过海运将数以亿计的瓷器输入欧洲，中国瓷器在欧洲风靡一时，英语中的"瓷器"成了"中国"的同义词。到了清代晚期，欧美人只知中国瓷，已不知中国陶了。

上世纪初，人们对中国陶所知甚少，长期以来，海外学者大多认为陶器起源于两河流域和埃及。随着中国近代考古工作的开展，中国陶器开始进入学界的视野。1921 年瑞典地质学家安特生在河南渑池县仰韶村发现了含有彩陶的新石器时代遗址，后来发现的同类的文化遗址称为仰韶文化遗址。1923 年至 1924 年，安特生在甘肃、青海地区先后发现了马家窑、半山、马厂、齐家、辛店、沙井等含有彩陶的远古文化，并介绍到西方，甘青地区的远古文化的彩陶引起了世人瞩目，马家窑文化的彩陶陆续被世界各地博物馆收藏。

1928 年，山东章丘城子崖龙山文化遗址发现了细薄光亮的黑陶，还发现了质硬细密的白陶，标志着陶器制作的质的飞跃。上世纪初的中国古陶的考古发现，揭开了认识和研究中国古陶的序幕。

新中国成立以来，开展了大规模科学考古发掘，古代各个历史阶段都有重大的考古发现，使我们对中国古代陶器有了全面的新的认识。据我的理解，中国古代陶器的考古与研究取得了如下的重要成果：

关于陶器的起源

通常的说法是最早的陶器产生于两河流域和埃及，时间距今 10000 年左右。随着我国石器时代考古的进展，中国陶器产生的时间不断提前，对兴隆洼文化、裴李岗文化、磁山文化、大地湾文化等新石器时代文化遗址的发掘，将中国古陶产生的时间提早到距今 8000 多年。大地湾文化还产生了彩陶，与两河流域产生彩陶的时间相当。近年来，在北京门头沟东胡林、怀柔转年，河北徐水南庄头、阳原于家沟等新石器时代早期遗址发现了距今 10000 年左右的陶器。在江西万年仙人洞与吊桶环、湖南道县玉蟾岩的持续发掘中，发现了距今 14000 年左右的陶器，形成了中国陶器起源的发展系列，可以说中国是世界陶器的起源地之一。

理清黄河中上游彩陶文化的发展源流

黄河中上游地区含有彩陶的新石器时代遗址，经过半个世纪的田野考古发掘工作，对不同时期的遗址和遗物进行考古研究，划分出下列几个阶段：处于彩陶萌芽阶段的大地湾文化、宝鸡北首岭下层文化；处于彩陶发展阶段的仰韶文化的半坡类型、庙底沟类型以及大河村文化；处于彩陶鼎盛阶段的马家窑文化的马家窑类型、半山和马厂类型；处于彩陶衰退阶段的齐家文化，这些阶段展现出黄河中上游丰富多彩的彩陶文化的面貌。

夹炭陶和陶衣的产生

在浙江浦阳江流域一带，发现了距今11000年至9000年的上山文化遗址，浦江上山遗址出土了含有掺稻谷的夹炭红衣陶器，早期的陶器为了掩盖陶器表面的黑斑，施加了红色化妆土的陶衣。萧山跨湖桥遗址距今8200～7000年，出土了彩陶，陶质为泥性夹炭陶，表面多施陶衣，多见在红色陶衣上绘白色纹样，是江南出现最早的远古彩陶。

崧泽文化彩绘陶和良渚文化黑陶

上世纪60和70年代发掘的上海青浦崧泽遗址，距今约5900～5300年。遗址中发现了少量的彩绘陶，是我国早期的彩绘陶。1936年发掘了杭州余杭良渚遗址，良渚文化后来被用以命名同类的文化遗址。近二十多年来，在环太湖地区对多处良渚文化遗址进行了大规模的发掘。良渚文化的年代距今约5300～4200年，出土的陶器以泥质灰胎黑皮陶为特色，其晚期出现了制作精良的薄胎黑陶，可视作黑陶的滥觞。

大汶口文化和龙山文化的黑陶和白陶

分布在鲁南、苏北地区的大汶口文化，距今约6300～4500年。大汶口文化晚期出现了少量的黑陶和硬质白陶。龙山文化遗址出土了薄如蛋壳、器形规整的黑陶。制作的白陶器变得高大，质地更加细腻坚硬，这表明龙山文化陶器的烧造技术达到了新的高峰。龙山文化用内模制作陶鬶的技术颇引人注目，为制作青铜鬶等铜器的内模创造了技术条件。

高温烧造的印纹硬陶

环太湖地区和杭州湾一带陆续发现了商周时期的印纹硬陶，还发现印纹硬陶与原始瓷器同出于龙窑中。印纹硬陶的烧成温度达1200℃，为瓷器的产生奠定了重要的基础。印纹硬陶产生的原因之一是作为青铜器的替代品，印纹硬陶上拍印凹凸有致的连续纹饰，是中国陶艺的又一杰出创造。

装饰纹样与造型相结合的春秋战国的彩绘陶明器

山东、河南、山西、河北等地陆续发现了春秋战国的彩绘陶俑和各式彩绘陶明器。采用彩绘纹样与立体造型相结合，把人间的人物和器物移入墓中，这是伴随厚葬风气而兴起的做法，这种做法一直延续到唐代。彩绘陶的模制成形、外加彩绘的表现方法对中国雕塑产生了重要的影响。

秦始皇陵兵马俑是陶塑的里程碑

1974年开始发掘的秦始皇陵的随葬陶兵马俑，形体大小如真人、真马的原大，出土的数量已达8000多件，依军阵排列，阵势浩大。陶塑形象栩栩如生，人物形貌着装无一相同，堪称群体陶塑之最。

实用美观的汉代釉陶

西汉初年已出现了单色釉陶，汉景帝阳陵陪葬坑出土了精美的绿釉陶器。汉代单色釉陶逐渐增多，其中不乏生活用器。在陕北汉墓中还发现了复彩的釉陶，釉陶取代了灰陶的主要位置。

北朝彩绘陶与彩釉陶的共存

1971年，河南安阳北齐武平六年(575年)范粹墓的发掘，出土了白釉绿彩的长颈瓶和三系瓷罐，曾有过是彩釉瓷还是彩釉陶的争论，但由于烧成温度较低，这些彩釉器的性质应是介于彩釉陶和彩釉瓷之间。北齐发现的单色釉陶有更多的釉彩种类，北齐陶器多模仿金银器、玻璃器的器形，改变了汉代陶器圆浑对称的造型，陶器器形变得多样化。

邢窑隋唐三彩的发现标志着彩釉陶进入繁盛阶段

2012年，在河北内丘发掘清理的邢窑窑炉遗迹中出土了隋三彩，把三彩陶器的制作年代提至隋代以前。邢窑出土的唐三彩多为实用器皿，质地为高硬度的白陶，上施白色化妆土，再加绿、黄等彩釉，将彩釉陶艺术推到高峰。具有特色的邢窑三彩，可视作辽金三彩的源头。

综上所述，经过了半个多世纪与陶器相关的考古发掘，我们对中国古代陶器有了许多新的认识。中国是世界上陶器的发源地之一。在新石器时代，有绚丽多彩的彩陶，细薄规整的黑陶，质硬细密的白陶，凹凸有致的印纹陶，这些展现了中国远古陶器的独特魅力。商周时期的印纹硬陶，从烧造技术上助生了原始瓷器。从战国到汉代，明器中的彩绘陶不断发展。西汉时期产生的彩釉陶，从单色釉陶发展出复色釉陶。北朝隋唐进入了复彩釉陶的发展时期，唐三彩将彩釉陶艺术表现得辉煌绚丽，中国陶器再次焕发出灿烂的光彩。中国陶器在质地、器物造型、装饰纹样、彩釉等方面都有独特的杰出成就，在世界陶器发展中应占有重要的地位。

我们对中国古陶的认识是基于对中华大地的认识，这是由五方五色土构成的多元一体的土地。这使中国古陶一脉相承地发展，同时兼收并蓄，不断创新。中国古代陶器呈现出博大精深、丰富多彩的面貌。古陶爱好者从多角度和全方位重新认识中国古陶，随着人们对古陶认识的加深，中国各地涌现了许多古陶的收藏者，还出现了一批民间创办的古陶博物馆。可以看出，对中国古陶的收藏和研究的重心在逐渐下移，更加接地气，这正体现出国家富强而文物收藏随之兴盛的道理。

在各地民间古陶博物馆和古陶收藏家的无私支持下，苏州大学博物馆和陶雅网主办了《中华古代陶器精华展》。这是一个全面和系统地展示中华古陶的展览，展出了古代中国各个历史时期陶器的代表作品，有新发现的古陶品种和样式，其中不乏稀世珍品。这是中国古陶民间收藏品的集体展示，表现出中国古陶爱好者和收藏者对弘扬中国古陶文化的自觉。一个民族有了文化的自觉才能得到尊重。感谢苏州大学的领导对出版《中华古代陶器精华》一书的大力支持，使这次古陶展的成果传之于世，让更多的人认识中国陶，热爱中国陶。愿古陶的爱好者乐于陶，乐此不疲，陶冶性情，进入陶然之境。

目录

名 称：红陶三足壶
年 代：裴李岗文化
尺 寸：高29厘米

名 称：鱼鸟纹细颈壶
年 代：半坡类型
尺 寸：高7厘米

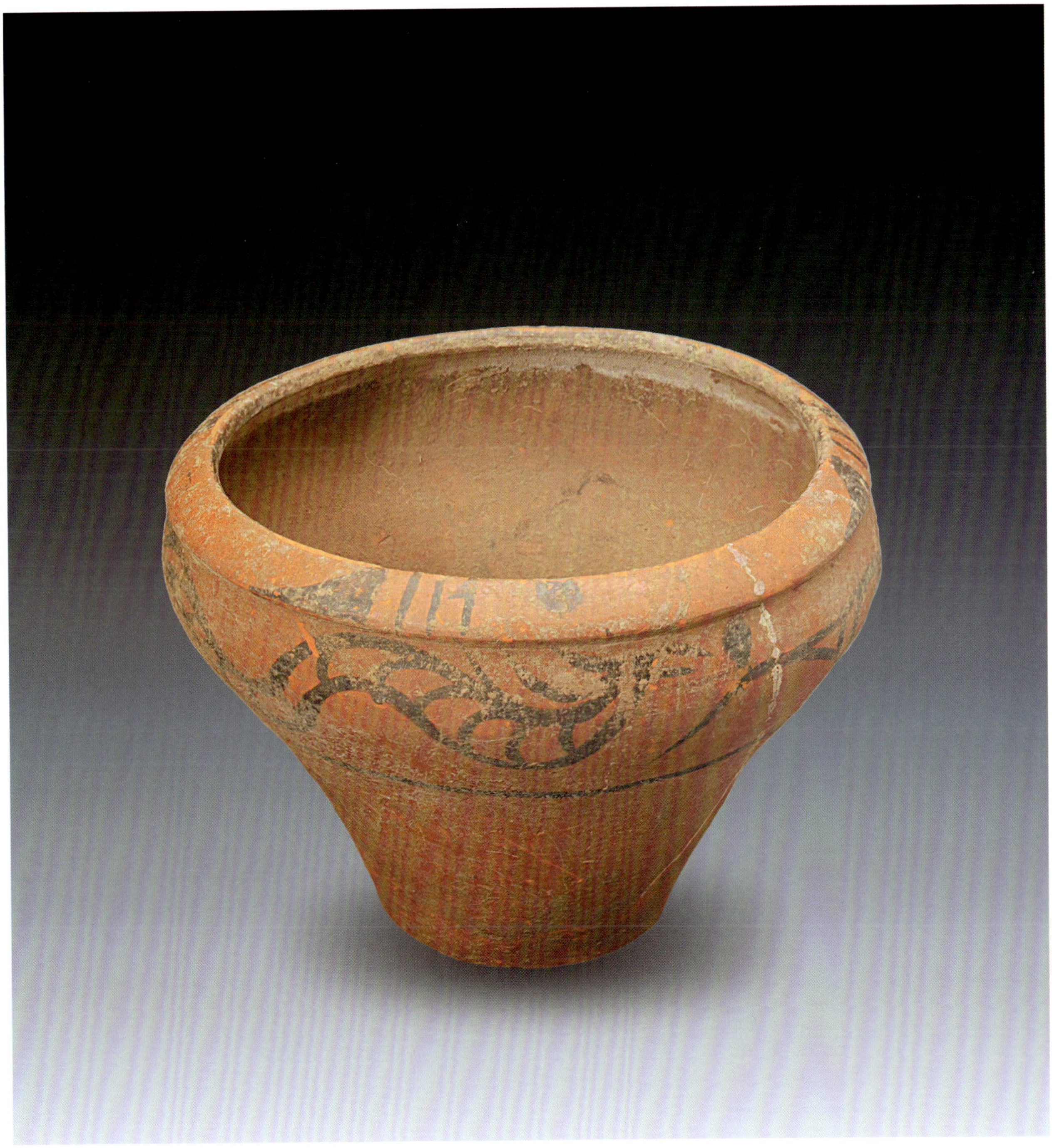

名 称：鸟龙纹彩陶盆
年 代：庙底沟类型
尺 寸：高22厘米 口径32厘米

名 称：红陶灶
年 代：庙底沟类型
尺 寸：直径40厘米

名 称：圆点弧线纹彩陶钵
年 代：庙底沟类型
尺 寸：高13厘米

名 称：勾羽纹彩陶盆
年 代：庙底沟类型
尺 寸：高15.5厘米 口径18厘米

名 称：勾羽圆点纹彩陶盆
年 代：大河村文化
尺 寸：高14厘米 口径22厘米

名称：竖条纹彩陶罐
年代：仰韶文化
尺寸：高21厘米

竖条纹彩陶罐（局部）

名 称：红陶龟形壶
年 代：仰韶文化
尺 寸：长25厘米

名 称：乳钉突錾尖底瓶
年 代：仰韶文化
尺 寸：高60厘米

名 称：双耳红陶带流钵
年 代：仰韶文化
尺 寸：高17厘米 腹径26.5厘米

名 称：红陶带孔瓶
年 代：仰韶文化
尺 寸：高30厘米 腹径18.8厘米

名 称：红陶带流形罐
年 代：仰韶文化
尺 寸：高18厘米 口径14.2厘米

名 称：白陶背壶
年 代：大汶口文化
尺 寸：高15.7厘米

名　称：白陶背壶
年　代：大汶口文化
尺　寸：高23.5厘米

名 称：白陶高足杯
年 代：大汶口文化
尺 寸：高26.5厘米

名 称：白陶鬶
年 代：大汶口文化
尺 寸：高14.5厘米

名 称：彩陶连贝纹鼓形器
年 代：大汶口文化
尺 寸：高24厘米

名 称：黑陶高柄杯
年 代：大汶口文化
尺 寸：高21.1厘米

黑陶高柄杯（局部）

名 称：红陶四鋬高足杯形器
年 代：红山文化
尺 寸：高20厘米 口径15厘米

名 称：灰陶双耳刻纹罐
年 代：红山文化
尺 寸：高12.1厘米

名 称：红陶高圈足长颈壶
年 代：红山文化
尺 寸：高22厘米

名 称：红陶带盖罐
年 代：红山文化
尺 寸：罐高17.5厘米

名 称：红陶鬲
年 代：红山文化
尺 寸：高13.7厘米

名 称：灰陶兽形壶
年 代：崧泽文化
尺 寸：高12厘米

灰陶兽形壶（局部）

名 称：红陶兽形壶
年 代：崧泽文化
尺 寸：长22厘米

名 称：红陶鼎
年 代：崧泽文化
尺 寸：高16厘米 口径16.7厘米

名 称：灰陶竹节杯
年 代：崧泽文化
尺 寸：高17.5厘米

名 称：红陶三足鼎

年 代：崧泽文化

尺 寸：高27厘米

名 称：高髻立目持物人像陶塑
年 代：崧泽文化
尺 寸：高9厘米 宽5厘米

名 称：兽形红陶壶

年 代：良渚文化

尺 寸：高30厘米

名 称：宽把黑皮陶罐

年 代：良渚文化

尺 寸：高14.8厘米 口径10.8厘米

名 称：宽把扁嘴黑陶壶
年 代：良渚文化
尺 寸：高15.6厘米

名 称：绳纹提梁灰陶壶
年 代：良渚文化
尺 寸：高17厘米

名 称：漆绘矮足黑陶盘
年 代：良渚文化
尺 寸：高10厘米

漆绘矮足黑陶盘（局部）

名称：黑陶贯耳罐
年代：良渚文化
尺寸：高12厘米 口径6.5厘米

名 称：鱼鳍足褐陶甑式鼎
年 代：良渚文化
尺 寸：高55厘米

名 称：刻纹翘流黑陶宽把杯
年 代：良渚文化
尺 寸：高10厘米

名 称：刻纹黑陶残壶

年 代：良渚文化

尺 寸：高15厘米

刻纹黑陶残壶（局部）

名 称：黑陶提梁水器

年 代：良渚文化

尺 寸：高22.5厘米 长25厘米 宽23厘米

名 称：带盖鼻钮黑陶壶
年 代：良渚文化
尺 寸：高13.5厘米

名 称：灰陶豆
年 代：良渚文化
尺 寸：口径21厘米 底径15厘米 高9.4厘米

名 称：灰陶划纹筒型器
年 代：良渚文化
尺 寸：高20.5厘米

名 称：陶珠
年 代：新石器时代
尺 寸：直径0.2厘米

名 称：彩陶鲵鱼纹罐
年 代：石岭下类型
尺 寸：高34厘米 腹径30厘米

名 称：尖底彩陶瓶
年 代：石岭下类型
尺 寸：高45厘米 腹径19厘米

名 称：彩陶旋纹敛口罐
年 代：马家窑类型
尺 寸：高29厘米 腹径30厘米

名 称：平行线纹尖底彩陶瓶
年 代：马家窑类型
尺 寸：高29厘米 口径6厘米

平行线纹尖底彩陶瓶（局部）

名 称：旋纹彩陶壶
年 代：马家窑类型
尺 寸：高36厘米

旋纹彩陶壶（局部）

名 称：贝形纹彩陶瓶

年 代：马家窑类型

尺 寸：高28厘米

名 称：平行圆点纹四突鋬带盖彩陶罐

年 代：马家窑类型

尺 寸：高26厘米 直径24厘米 底径11厘米

名 称：水波纹彩陶三联带座盆

年 代：马家窑类型

尺 寸：高15厘米 直径40厘米 底径11厘米

名 称：旋涡纹双耳彩陶瓶
年 代：马家窑类型
尺 寸：高48厘米 口径12.5厘米 底径15厘米

名 称：旋纹彩陶盆
年 代：马家窑类型
尺 寸：高9厘米 口径30厘米

旋纹彩陶盆（局部）

名 称：圆点纹彩陶盆
年 代：马家窑类型
尺 寸：高11厘米 口径25厘米

名 称：旋纹彩陶三联杯
年 代：马家窑类型
尺 寸：高12厘米

名 称：蝌蚪纹彩陶盆

年 代：马家窑类型

尺 寸：高9厘米 口径26厘米

名 称：圆圈网纹彩陶瓶

年 代：马家窑类型

尺 寸：高31厘米 口径8厘米 腹径18厘米

名 称：折线纹彩陶壶

年 代：宗日文化

尺 寸：高21.5厘米 口径7厘米 腹径18厘米

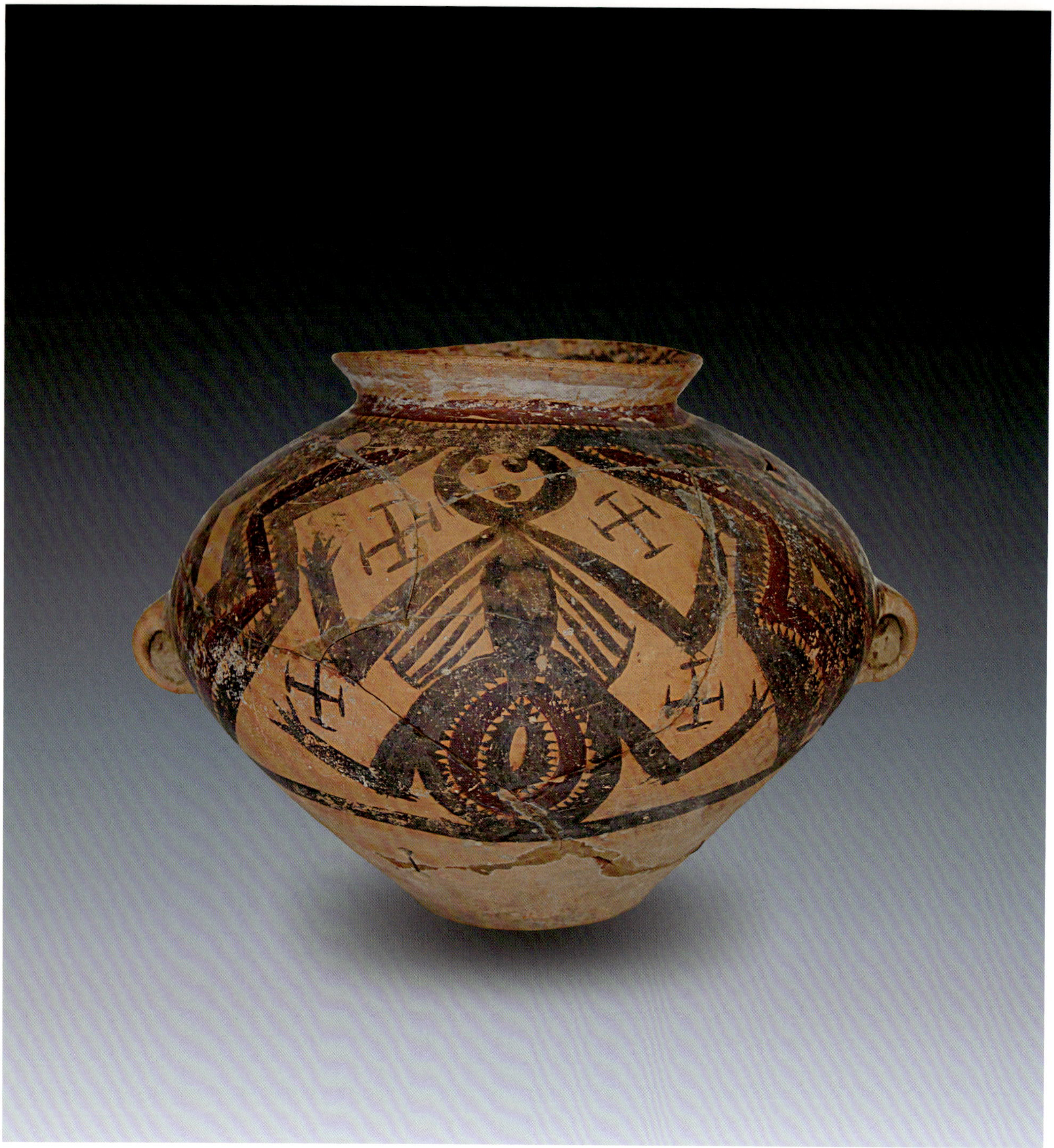

名 称：神人纹彩陶罐
年 代：半山类型
尺 寸：高30厘米

名 称：植物纹双耳彩陶壶

年 代：半山类型

尺 寸：高35厘米 直径45厘米 底径15厘米

名 称：垂弧锯齿纹双联罐

年 代：半山类型

尺 寸：高12厘米 直径11厘米 底径17厘米

名 称：四葫芦变体神人纹彩陶罐

年 代：半山类型

尺 寸：高35厘米 直径35厘米 底径11.5厘米

名 称：四龟背形纹彩陶壶

年 代：半山类型

尺 寸：高26厘米 口径9厘米 底径11厘米

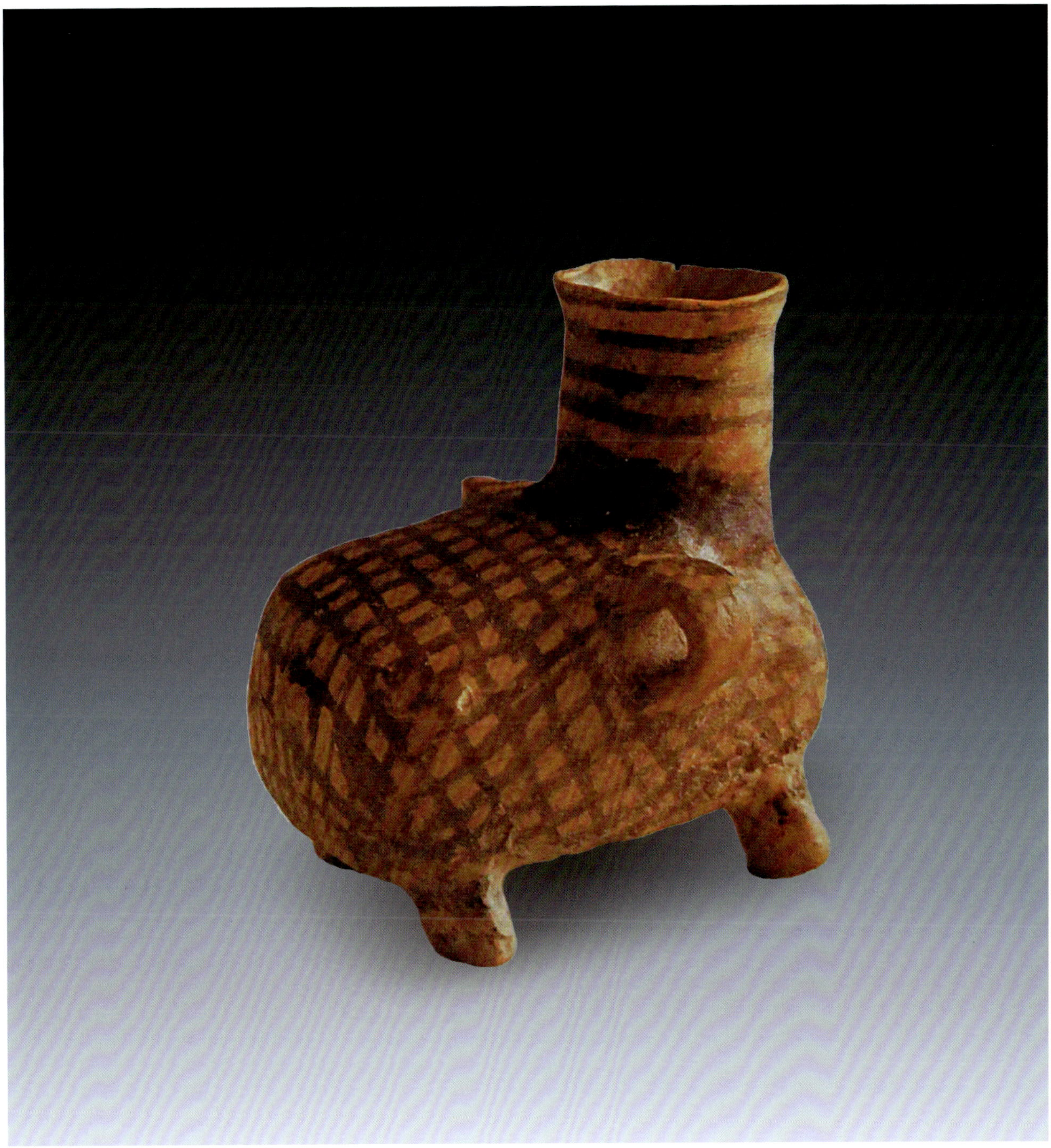

名 称：网线纹兽形彩陶壶

年 代：马厂类型

尺 寸：高12厘米

名 称：变体神人纹三口彩陶壶

年 代：马厂类型

尺 寸：高33厘米

名 称：神人纹喇叭形彩陶
年 代：马厂类型
尺 寸：高26厘米

名 称：人头形对錾彩陶盆

年 代：马厂类型

尺 寸：高13.5厘米 口径21.5厘米

名 称：回纹双肩耳彩陶罐

年 代：马厂类型

尺 寸：高14厘米 直径20厘米 底径7厘米

名 称：贝叶纹彩陶壶

年 代：马厂类型

尺 寸：高26厘米 口径11.5厘米 底径9.5厘米

贝叶纹彩陶壶（局部）

名 称：三角折带昆虫纹高低耳彩陶壶
年 代：马厂类型
尺 寸：高25厘米 直径28厘米 底径8.5厘米

名 称：折线纹单耳彩陶杯（大）（小）

年 代：马厂类型

尺 寸：大杯高19厘米 直径18厘米 底径12.5厘米

小杯高14厘米 直径10厘米 底径7厘米

名 称：条带纹彩陶蛇形器
年 代：马厂类型
尺 寸：高11厘米 口径8.5厘米 长21厘米

名 称：绳纹带盖红陶罐
年 代：马厂类型
尺 寸：高35厘米

名 称：红陶彩绘人面器
年 代：马厂类型
尺 寸：高3.4厘米

名 称：白陶鬶
年 代：龙山文化
尺 寸：高43厘米

名 称：红陶兽首器
年 代：齐家文化
尺 寸：高16厘米

名 称：浮雕鹿首纹红陶壶
年 代：齐家文化
尺 寸：高15厘米 腹径9.5厘米

名 称：人形红陶罐
年 代：齐家文化
尺 寸：高16厘米 口径11厘米

名 称：兽面红陶盉
年 代：齐家文化
尺 寸：高8.5厘米 腹径9厘米

名 称：单耳红陶脚形器

年 代：齐家文化

尺 寸：高8厘米 长11厘米 宽5厘米 口径4.8厘米

名 称：刻划人纹红陶鬲
年 代：齐家文化
尺 寸：高15厘米 口径8厘米

刻划人纹红陶鬲（局部）

名 称：刻划羽人纹红陶罐

年 代：齐家文化

尺 寸：高14厘米 腹径12厘米

名 称：单耳长柄灰陶带流罐
年 代：齐家文化
尺 寸：高17厘米 口径15厘米

名 称：红陶鸟形器
年 代：齐家文化
尺 寸：高11.5厘米 长19厘米 宽9厘米

名 称：红陶鸟形器

年 代：齐家文化

尺 寸：高12厘米 长19厘米 宽8.8厘米

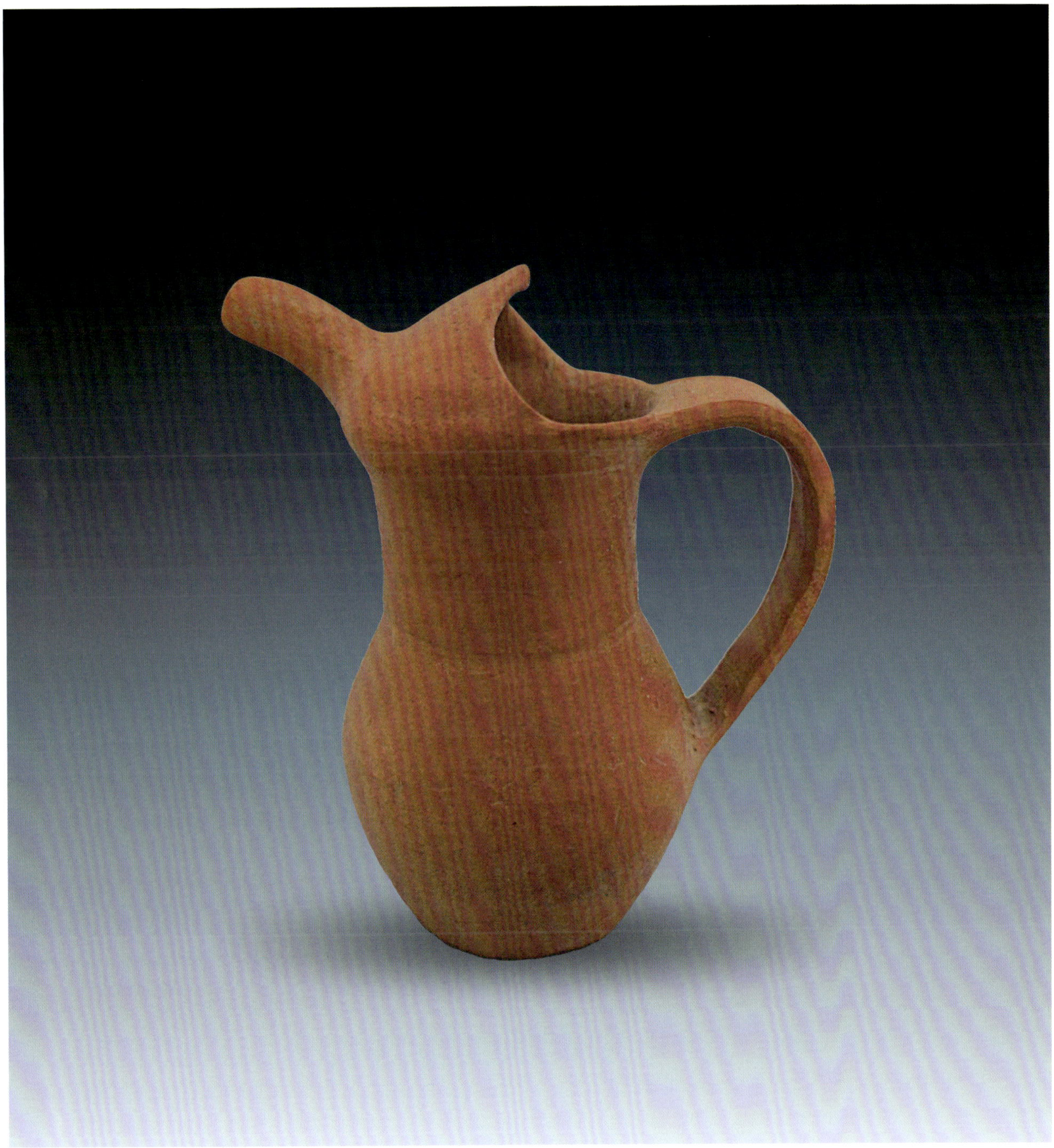

名 称：长把红陶壶
年 代：齐家文化
尺 寸：高14厘米

名 称：双肩耳红陶壶
年 代：齐家文化
尺 寸：高20厘米

名 称：人物驯鹿图彩陶罐
年 代：齐家文化
尺 寸：高24厘米 口径13厘米

人物驯鹿图彩陶罐（局部）

名 称：镶骨管带流彩陶壶
年 代：四坝文化
尺 寸：高22厘米 直径30厘米 底径12.5厘米

名 称：三耳红陶壶
年 代：小河沿文化
尺 寸：高25厘米

名 称：黑彩三足陶鬲
年 代：夏家店文化
尺 寸：高26厘米

名 称：刻划横道陶鬲
年 代：夏家店文化
尺 寸：高25.4厘米

名 称：彩绘勾曲纹陶罐
年 代：夏家店文化
尺 寸：高16厘米 腹径19.5厘米 口径11厘米

名称：红陶盉
年代：二里头文化
尺寸：高35厘米

名 称：绳纹灰陶鬲
年 代：二里头文化
尺 寸：高15.7厘米 口径11厘米 腹径15.7厘米

名 称：兽首形灰陶纺砖

年 代：商

尺 寸：长30.5厘米

名 称：鸟首形灰陶纺砖
年 代：商
尺 寸：残长14厘米

名称：牛头形灰陶纺砖

年代：商

尺寸：长15厘米

名 称：刻划回形纹灰陶尊
年 代：商代
尺 寸：高33厘米

名称：堆塑动物印纹硬陶罍
年代：西周
尺寸：高38厘米

名 称：席纹印纹硬陶罐
年 代：西周
尺 寸：高47厘米

名 称：云雷纹印纹硬陶缶
年 代：西周
尺 寸：直径40厘米

名 称：鸮形灰陶罐

年 代：西周

尺 寸：高14厘米 长7厘米

名称：乳丁纹印纹灰陶罐

年代：西周

尺寸：高29厘米

名 称：几何形印纹灰陶罐

年 代：西周

尺 寸：高19厘米

名 称：堆塑动物附加堆纹灰陶罐
年 代：春秋
尺 寸：直径30厘米

名 称：砑花黑陶鸭尊

年 代：战国

尺 寸：高31厘米

砑花黑陶鸭尊（局部）

名 称：黑陶研花纹陶壶
年 代：战国
尺 寸：高46厘米

名称：黑陶斫花纹彩绘球腹壶
年代：战国
尺寸：高27厘米

名 称：彩绘鸟形器
年 代：战国
尺 寸：高24厘米

名 称：	带把印纹硬陶鼎
年 代：	战国
尺 寸：	高7厘米

名 称：带把三足印纹硬陶敛口罐
年 代：战国
尺 寸：高5.5厘米

名 称：刻划人物动物纹灰陶瓶

年 代：战国

尺 寸：高35厘米

刻划人物动物纹灰陶瓶（局部）

名称：鸟形盖印纹硬陶罐
年代：战国
尺寸：高9厘米

名 称：灰陶贴塑鸮形罐
年 代：战国
尺 寸：高13.2厘米 长6.7厘米

名 称：彩绘云纹珠纹鸭形灰陶尊

年 代：战国

尺 寸：高19厘米

彩绘云纹珠纹鸭形灰陶尊（局部）

名 称：彩绘灰陶牛拉车
年 代：战国
尺 寸：长47.5厘米

名 称：彩绘动物纹立鸟灰陶鼎
年 代：战国
尺 寸：高28.5厘米

彩绘动物纹立鸟灰陶鼎（局部）

名 称：彩绘灰陶天鹅
年 代：战国
尺 寸：高45.6厘米

名 称：彩绘灰陶鸟形尊
年 代：战国
尺 寸：高28厘米 长33厘米

名 称：灰陶牛尊
年 代：战国
尺 寸：高42厘米

名　称：双龙背项饕餮纹筒瓦
年　代：战国
尺　寸：长47厘米

名 称：双龙背项饕餮纹大瓦当

年 代：战国

尺 寸：直径36厘米

双龙背项饕餮纹大瓦当（局部）

名 称：褐陶鸟形滴水

年 代：战国

尺 寸：长80厘米 宽46厘米

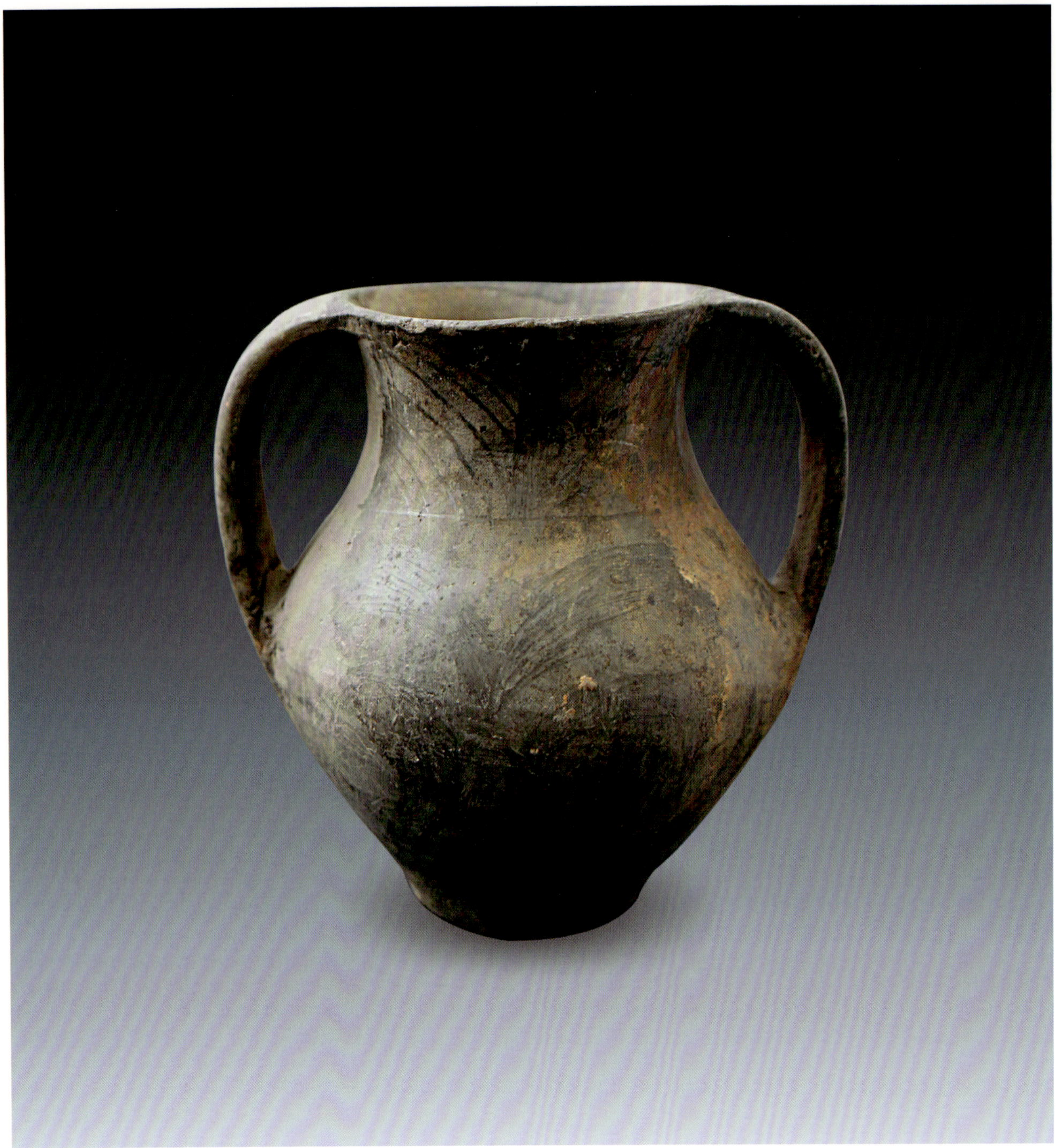

名 称：古羌砑花羊角纹双大耳罐

年 代：战国

尺 寸：高17厘米

名 称：彩绘灰陶鸟形器（一组5件）
年 代：战国
尺 寸：（大）高17.5厘米 长17厘米 （小）高9厘米 长10厘米

名 称：刻磨纹茧形陶壶

年 代：秦代

尺 寸：高23厘米 宽24厘米

名 称：灰褐陶鸟形罐
年 代：汉代
尺 寸：高9厘米

名 称：柿叶纹盖灰陶大鼎

年 代：汉代

尺 寸：高25厘米 耳距36厘米

柿叶纹盖灰陶大鼎（局部）

名称：熊形顶陶灯
年代：汉代
尺寸：高27厘米

名 称：灰陶龙纹陶响器
年 代：汉代
尺 寸：长21厘米 高4厘米

灰陶龙纹陶响器（局部）

名 称：铭文“齐盐鲁豉”双联方瓿

年 代：汉代

尺 寸：高12.5厘米 长16.5厘米

铭文“齐盐鲁豉”双联方瓯（局部）

名 称：绿釉灰陶胡人抱子立凤薰台

年 代：汉代

尺 寸：高56厘米

名 称：黄釉绿彩刻划凤纹仓

年 代：汉代

尺 寸：高51厘米

名 称：黄釉绿彩刻划鹤纹陶灶
年 代：汉代
尺 寸：高21厘米 宽22厘米

名称：褐釉阴线纹陶鸮尊
年代：汉代
尺寸：高27厘米

名 称：绿釉红陶摇钱树座
年 代：汉代
尺 寸：高41.5厘米

名 称：红陶瑞兽摇钱树座

年 代：汉代

尺 寸：高42.5厘米

名 称：红陶西王母摇钱树座
年 代：汉代
尺 寸：高43厘米

红陶西王母摇钱树座（局部）

名 称：红陶悬山顶干栏式民居
年 代：汉代
尺 寸：高48厘米 宽47厘米

名 称：悬山顶二重檐三层板式陶楼
年 代：汉代
尺 寸：高87厘米 宽48厘米

名 称：大庑殿顶彩绘陶吊脚楼
年 代：汉代
尺 寸：高55厘米 宽65厘米

名 称：灰陶博山跑兽立熊器

年 代：汉代

尺 寸：高28.6厘米

灰陶博山跑兽立熊器（局部）

名称：灰陶彩绘鸮尊
年代：汉代
尺寸：高8.7厘米

名 称：绿釉陶饮食器（一套8件）

年 代：汉代

尺 寸：长42厘米 宽18.5厘米

名称：绿釉陶猪圈

年代：汉代

尺寸：高18厘米 直径22厘米

名 称：绿釉陶浮雕螭龙纹博山炉
年 代：汉代
尺 寸：高28厘米

绿釉陶浮雕螭龙纹博山炉（局部）

名 称：绿釉陶龙首魁
年 代：汉代
尺 寸：高9厘米 长26厘米

名 称：龙虎纹绿釉陶瓶
年 代：汉代
尺 寸：高46厘米

名 称：绿釉陶鸡巢
年 代：汉代
尺 寸：高18厘米 直径23厘米

名称：绿釉陶熊柱圆盘灯
年代：汉代
尺寸：高37厘米

名 称：绿釉陶灶

年 代：汉代

尺 寸：长32厘米 宽29厘米

名 称：绿釉陶盘口瓶
年 代：汉代
尺 寸：高40厘米

名 称：黄釉陶凤鹿纹盘口瓶

年 代：汉代

尺 寸：高42厘米

名 称：绿釉陶壶
年 代：汉代
尺 寸：高50厘米

名 称：彩绘云龙纹灰陶茧形壶
年 代：汉代
尺 寸：高32厘米 宽36厘米

名称：彩绘朱雀纹黑陶瓶

年代：汉代

尺寸：高32厘米

彩绘朱雀纹黑陶瓶（局部）

名 称：褐釉乐舞六博百戏图陶盖奁

年 代：汉代

尺 寸：高32厘米

名 称：黄釉刻划舞蹈纹陶盖奁
年 代：汉代
尺 寸：高29厘米

名 称：绿釉天鹅纽盖陶奁
年 代：汉代
尺 寸：高25厘米

名 称：刻划纹小口褐陶罐
年 代：汉代
尺 寸：高9.5厘米

名 称：褐釉三足带柄带盖灰褐陶壶
年 代：汉代
尺 寸：高21厘米

名 称：褐釉活环刻划纹陶鼎

年 代：汉代

尺 寸：高21厘米

名 称：贴塑刻划纹陶熏炉
年 代：汉代
尺 寸：高16厘米

名 称：黄釉龟顶陶盒
年 代：汉代
尺 寸：高15厘米

名 称：豆形陶熏
年 代：汉代
尺 寸：高18.8厘米

名 称：兽足人物黄绿釉船型陶灶

年 代：汉代

尺 寸：高20厘米 宽18.5厘米 长41.3厘米

名 称：古羌镶铜牌双大耳陶罐
年 代：西汉
尺 寸：高22.5厘米

名 称：褐红釉绿彩纹陶粮仓
年 代：东汉
尺 寸：高25厘米

名 称：黄釉印花硬陶杯
年 代：北朝
尺 寸：高7厘米

黄釉印花硬陶杯（局部）

名 称：黄绿釉陶粉盒
年 代：北朝
尺 寸：高3厘米

名 称：白釉绿彩四系硬陶罐
年 代：北朝
尺 寸：高12厘米 腹径12厘米

名 称：白釉黄绿彩硬陶碗

年 代：北朝

尺 寸：高7.5厘米

名 称：白釉黄绿彩刻莲瓣纹盘口陶瓶
年 代：北朝
尺 寸：高19.7厘米

名 称：褐釉细颈陶瓶
年 代：北朝
尺 寸：高12.7厘米

名 称：灰陶铭文解注瓶

年 代：北魏

尺 寸：高20厘米

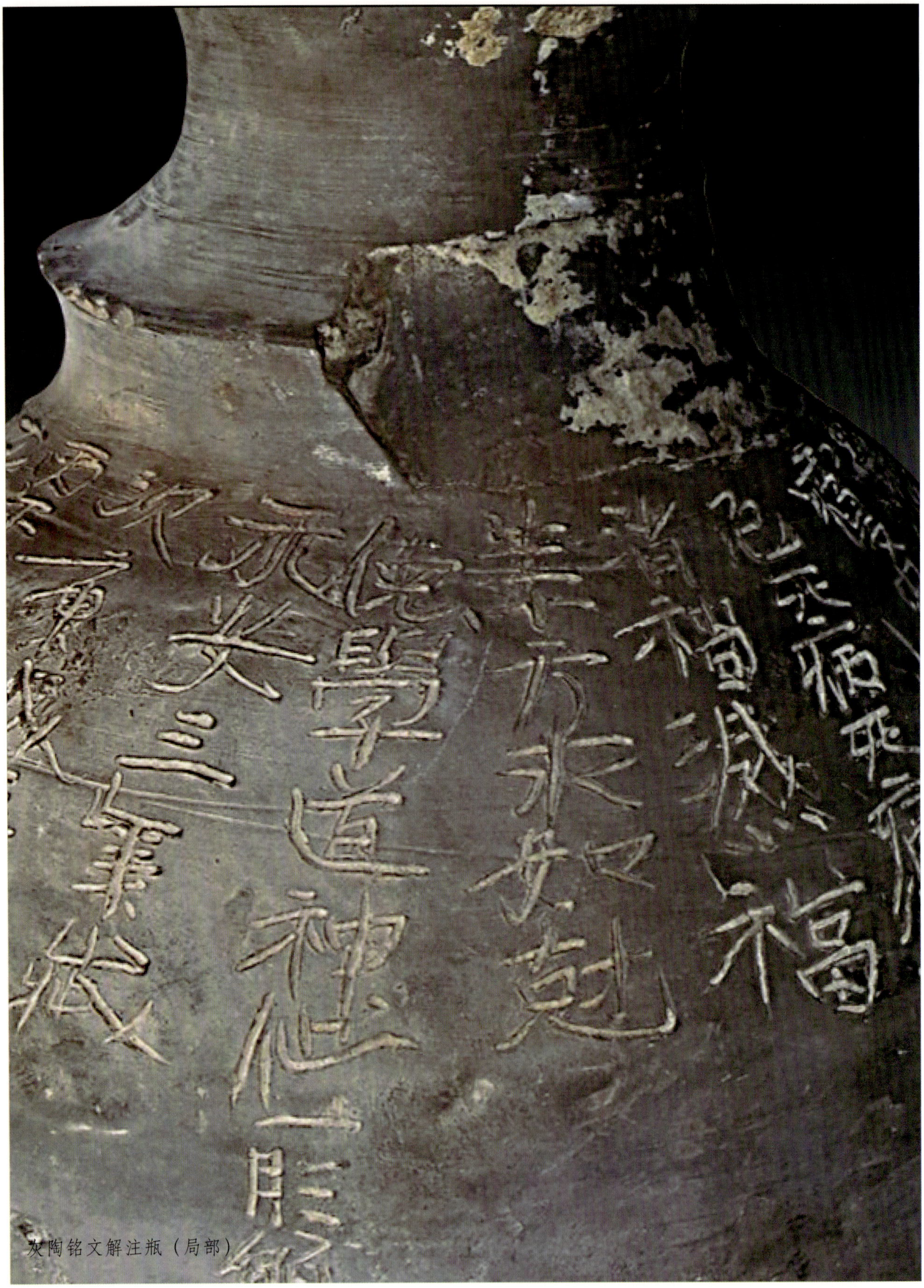

灰陶铭文解注瓶（局部）

名 称：绿釉陶盂
年 代：北齐
尺 寸：高16.5厘米

名 称：彩绘陶鱼身人头像
年 代：唐代
尺 寸：长29厘米 宽7厘米

名 称：邢窑三彩四系瓶

年 代：唐代

尺 寸：高13.6厘米

名 称：邢窑三彩茶炉
年 代：唐代
尺 寸：高11.1厘米

名 称：三彩双鱼形瓶

年 代：唐代

尺 寸：高24.5厘米 口径6.4厘米

名 称：三彩鸭首杯
年 代：唐代
尺 寸：高8.3厘米 长12.4厘米

名 称：三彩兽面纹枕
年 代：唐代
尺 寸：高6厘米 长12.5厘米

三彩兽面纹枕（局部）

名 称：三彩宝相花纹三足盘

年 代：唐代

尺 寸：高4.8厘米 直径24厘米

名 称：邢窑三彩胡人抚琴莲花熏台
年 代：唐代
尺 寸：高17.8厘米 直径8.5厘米

邢窑三彩胡人抚琴莲花熏台（局部）

名 称：邢窑三彩葵口盏
年 代：唐代
尺 寸：高4.5厘米 直径11.1厘米

名 称：邢窑三彩盘

年 代：唐代

尺 寸：高2厘米 直径11.6厘米

名 称：三彩鸳鸯枕
年 代：唐代
尺 寸：高6厘米

名 称：白釉绿彩水盂
年 代：唐代
尺 寸：高6厘米

名称：邢窑三足炉
年代：唐代
尺寸：高7厘米

名 称：澄泥狮子砚
年 代：唐代
尺 寸：高8.8厘米 长16厘米

澄泥狮子砚（局部）

名 称：鱼形陶枕
年 代：宋代
尺 寸：长35厘米

名 称：三彩兽面三足炉
年 代：宋代
尺 寸：高11厘米

名 称：牵丝陶童玩偶
年 代：南宋
尺 寸：高12.6厘米

牵丝陶童玩偶（局部）

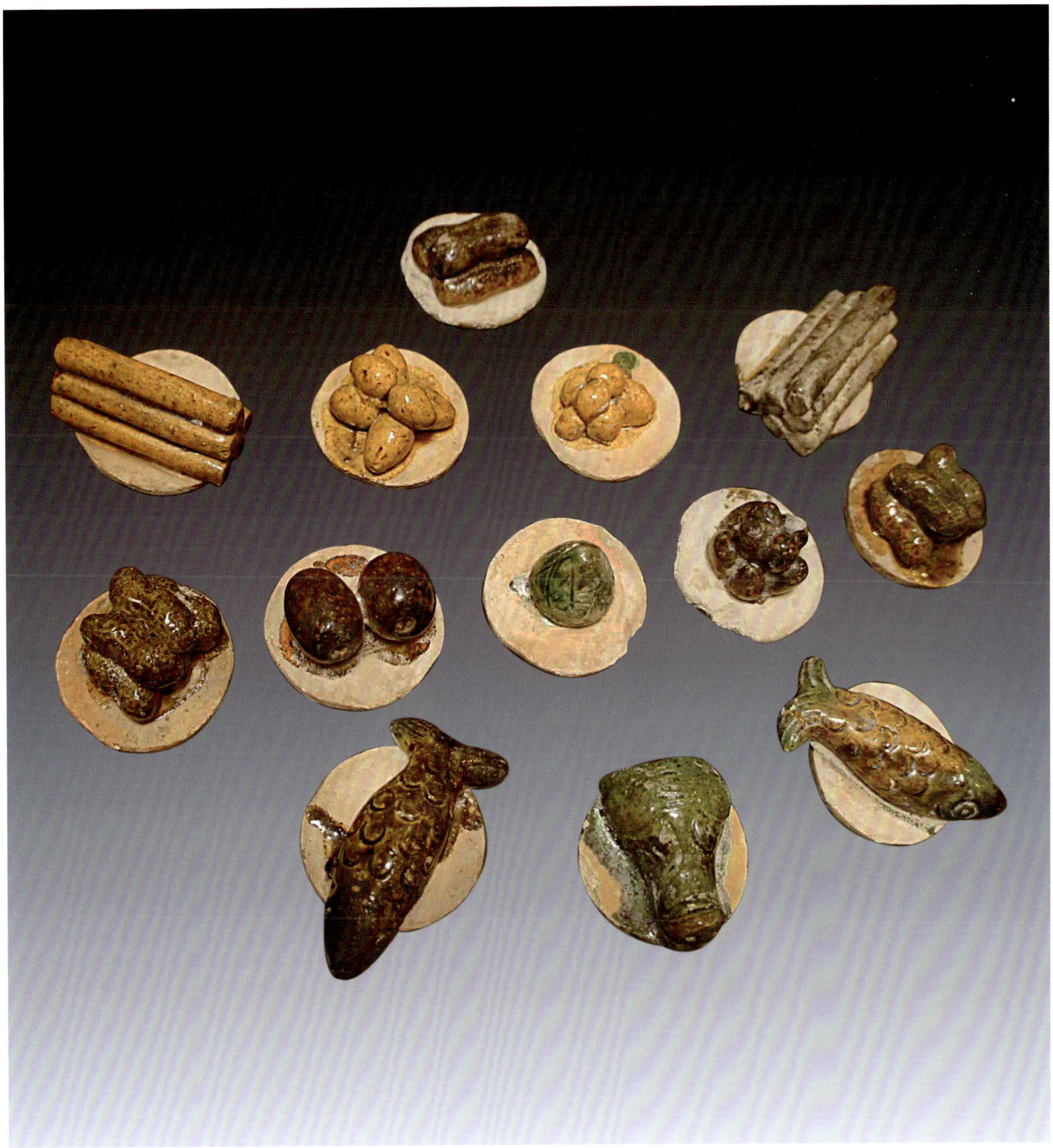

名 称：三彩祭享食品(一组13件)

年 代：辽代

名 称：三彩盘

年 代：辽代

尺 寸：直径18.3厘米 高4.5厘米

名 称：灰陶刻划纹皮囊壶
年 代：辽代
尺 寸：长24厘米

名 称：灰陶虎枕
年 代：金代
尺 寸：高11厘米 长31厘米

名 称：人物故事三彩枕

年 代：金代

尺 寸：高28厘米 长40厘米

人物故事三彩枕（局部）

后记

李兆楠

在本书编撰收尾之际，苏州大学博物馆馆长张朋川先生建议我来写一篇后记，说说编撰过程中的事。

本书的编撰，缘起于苏州大学举办的第二届古陶文化艺术学术研讨会（以下简称陶研会）。2013年5月，张朋川先生作为特邀古陶方面专家，参加了在南京艺术学院举办的首届陶研会，会议期间我与张先生提及第二届陶研会的地点及主题一事。交谈中先生提议若条件成熟，苏州大学作为学术文化重地，是有这个条件举办第二届陶研会的。在主题上，先生建议策划一次由中国不同时期、不同地域陶器为主线的展示与研讨。先生说，由于历史原因，古代陶器没有得到应有的重视，许多精华古陶已经流落海外，在国外很多重要博物馆中都能看到中国古陶的身影，而国内却很少有古陶类专题的展览。那些散落海外的古代艺术品造成了今天国家追索的困难，国家在努力追索的同时，也大力提倡保护和弘扬传统文化，除了官方博物馆的努力外，民间的私人博物馆和收藏家也应该贡献自己的一臂之力，拿出自己的珍藏，让更多人欣赏到深藏于民间的古代陶器艺术。这样的民间展览之前没有人做过，我们可以策划一次，也以此作为官方博物馆古代陶器的一个补充。

2013年10月与张先生在西安再谈陶研会事宜，先生带来了佳音，苏州大学校领导热情欢迎和全力支持，同意苏州大学与陶雅网共同主办第二届陶研会，会期暂定于2014年6月。2013年12月26日应先生之邀，与倪林海、张晓光、程奔刚一行四人共赴苏州大学博物馆商议陶研会细节，期间，与张朋川、黄维娟两位馆长、副馆长对陶研会的日程和内容做了确定，主线围绕展览、研讨、成果展示三个方面。由于参展单位及藏家较多，展览时间有限，为了能让更多精品与观众见面，充分展示中国古代陶器的精粹，在张先生的努力和苏州大学校领导的支持下，苏州大学决定将此次展览的古代陶器汇集成书，并由苏州大学出版社出版发行。书名暂由张先生拟定为《中华古代陶器精华》。

回到西安后，我即着手工作，重点工作内容是在展品的征集和筛选上，征集主要面向国内私人古陶瓷博物馆及古陶收藏家，选取方向定在具有历史价值、艺术价值、可供鉴赏的历代古陶器物精品上。在确定了征集方向后，初选开始，这个过程中众多民间古陶精品让我为之震撼，同时，深感此次展出的意义和责任重大。因参展器物来自民间的缘故，在甄选古陶精华的同时，要严格控制不合标准的器物，只有控制好这个环节才能匹配“精华”二字。另一方面，为使本次展会及所出版书籍更具学术价值，作为会议特邀专家的中国古陶瓷学会王莉英、清华大学美术学院杨永善二位先生也提出了诸多有益的意见，归纳起来就是——宁缺毋滥、去粕存精。

2014年3月，我第二次赴苏州大学，对第一阶段征集的古陶精品进行再次鉴定，鉴定内容依然围绕真伪、艺术、地域、时代、代表性五个方面。鉴定小组由七人组成，分别是苏州大学博物馆张朋川、黄维娟；陶雅网李兆楠、张晓光；上海印纹陶博物馆倪林海；东吴博物馆张文献；古陶收藏鉴赏家邓文贤。本次鉴定中，最终选定200件器物作为鉴定结果，并寄送故宫博物院进行最终甄选。4月，收到故宫博物院回复，最终200件器物确定完毕，作为本次展示内容并出版发行。

本书的编撰前后历经一年，却策划了多年，一直希望能有这样一个机会将中国民间古代陶器的精华汇集成书，予以展示，多方位地诠释中国古代陶器的艺术和内涵，让热爱中国传统文化的人们能有机会了解民间收藏的古代艺术瑰宝，也希望民间古陶收藏能作为国家收藏的一个补充，共同构建完善的中国古代陶器体系。中国陶器的发展历经万年，从最早的生产、生活、祭祀器物衍生到后来的建筑、艺术范畴，可以说，陶器记录了人们思想、生活变迁的全部，伴随着人类的进步而发展，是一部不同形式的中国通史，历史的点滴尽在其中。在今天，我们依然享受着这部通史带给我们的福泽，不知不觉陶醉其中。

最终定名的《中华古代陶器精华》一书，书名由中国著名文物鉴定专家、故宫博物院耿宝昌先生题写。书中的古代陶器在时代上，从史前延续至唐宋，精彩地呈现了中华古代陶器中最为重要的组成部分。在内容上，基本涵括了长江流域、黄河流域的重要时期的陶器类型，如山东地域龙山、大汶口文化陶器；江浙地域崧泽、良渚、商周印纹陶器；陕西、河南地域仰韶、汉唐陶器；甘宁青地域马家窑、齐家彩陶等，皆收录在内。书中多数器物为首次示人，这其中有来自古陶博物馆的镇馆之宝，也有来自收藏家的多年珍藏，这些承载着千年历史文化的器物正在向我们缓缓走来，即将为观者讲述千年的历史与见证。

在本书即将与大家见面之际，我衷心感谢苏州大学校领导的鼎力支持，以及苏大博物馆馆长张朋川先生、常务副馆长黄维娟女士的策划运筹。同时也要感谢整个过程中，私人古陶瓷博物馆及收藏家的无私奉献和全力相助，是他们这份无私的热情付出，才不断为本书注入了动力。在传统文化复兴的道路上，众多古陶瓷收藏家不遗余力、不计得失的付出使我感动。这次陶研会倾注了太多人的努力，对于推动中国古代陶器文化的研究具有历史性意义，它将让更多人明白中华文明并不只留存于博物馆中，而是遍布华夏大地，让每一位华夏子孙为久远而灿烂的中国古陶文化感到骄傲，为我们厚实的文化底蕴深深折服。

这里，我要特别感谢以下收藏家对此次活动的全情投入和支持：

程奔刚、陈聪、陈智文、陈林林、程伟智、蔡一阳、邓泓、邓文贤、代正忠、丁雪明、党红光、董杰莆、窦立雄、冯学峰、冯志刚、高润民、胡敬、何飞、江雪、江思友、贾宇华、李伟忠、李宝宗、李帖霖、李小晟、李立新、李岩波、刘红、刘金祥、刘世杰、刘亚群、廖小平、梁润泉、罗圣智、倪林海、齐跃进、沈玺、宋晓时、苏靖、田兴民、王勇刚、王志安、王新村、王宁、王真、王勇、王跃泽、王军、吴磬军、吴雪明、熊渝、许葛林、徐利、于添泓、赵月汀、张保军、张建青、张文献、张清波、张宏斌、周纯国、周桂阳。（以上排名按姓氏拼音字母顺序排列）

最后，还要特别提及苏州大学博物馆的朱兰老师、祝嘉老师以及苏州大学出版社对此次活动的推动和辛勤付出，谨向他们表示衷心的感谢！

2014年4月9日 于西安